ÉLOGE FUNÈBRE

DE

M. L'ABBÉ BOURGEOIS

Ancien directeur de l'Ecole de Pontlevoy (Loir-et-Cher).

PRONONCÉ DANS LA CHAPELLE DE L'ÉCOLE DE PONTLEVOY

Le 19 Juin 1879

PAR LE T. R. P. J.-M.-L. MONSABRÉ

des Frères Prêcheurs.

Prix : 1 Franc.

PARIS

EDOUARD BALTENWECK, ÉDITEUR

7, rue Honoré-Chevalier, 7.

—

1879

ÉLOGE FUNÈBRE

DE M. L'ABBÉ BOURGEOIS

ÉLOGE FUNÈBRE

DE

M. L'ABBÉ BOURGEOIS

Ancien directeur de l'Ecole de Pontlevoy (Loir-et-Cher).

PRONONCÉ DANS LA CHAPELLE DE L'ÉCOLE DE PONTLEVOY

Le 19 Juin 1879

Par le T. R. P. J.-M.-L. MONSABRÉ

des Frères Prêcheurs.

PARIS

EDOUARD BALTENWECK, ÉDITEUR

7, rue Honoré-Chevalier, 7.

—

1879

ÉLOGE FUNÈBRE

DE

M. L'ABBÉ BOURGEOIS

Justum deduxit Dominus per vias rectas et ostendit illi regnum Dei. (Sap. cap. x, 10).

Le Seigneur a conduit son Juste par les voies droites et lui a montré le royaume de Dieu.

MESSIEURS,

Le premier devoir de la piété filiale est de garder, dans un cœur reconnaissant, le tendre souvenir de ceux qui furent nos pères : souvenir silencieux et discret qui va de l'âme à Dieu, quand les enfants dispersés ne peuvent s'entretenir qu'avec le ciel de leurs affections et de leurs douleurs, souvenir expansif et prompt à la louange, quand la famille réunie éprouve le besoin de se consoler des coups impitoyables de la mort par une commune

explosion de son amour et de ses regrets.
C'était la piété filiale qui ouvrait les lèvres du
Sage, lorsqu'il s'écriait : « *Laudemus viros
gloriosos et parentes nostros in generatione
sua* (1). Louons les hommes glorieux qui furent nos pères. » C'est la piété filiale qui m'a-
mène à ce douloureux anniversaire et m'im-
pose la tâche, douce à mon cœur, de faire
l'éloge d'un des plus glorieux pères de la famille Pontilévienne. Sa vie n'a point l'éclat de
celles qui furent mêlées aux grandes agitations
de notre siècle. Elle passa, pieusement enve-
loppée du voile de la modestie, à travers le
petit monde d'enfants respectueux et d'amis
dévoués qui en ont admiré les sérieux labeurs
et sa parfaite droiture. Elle fut, dans son paci-
fique développement, l'expression pratique des
paroles que j'ai prises pour texte : «| Le Sei-
gneur a conduit son juste dans les voies droites
et lui a montré le royaume de Dieu. »

Toute âme se meut, sous la conduite d'une
bonne et sainte providence, qui déduit, des
germes de la nature et de la grâce, nos vertus
et notre gloire. Sous l'impression de ses attou·
chements délicats, toujours pleins d'égards

(1) Eccli. cap. xliv. 1.

pour notre liberté, il y a des natures rebelles, qui prétendent choisir leur voie. Elles se laissent tenter par les routes obliques qu'elles voient s'ouvrir sur les bords du rude sentier où Dieu mène ses élus; elles se jettent, à l'aveugle, du côté de l'erreur, et vont grossir de leurs recrues le ténébreux royaume de celui que l'Ecriture appelle le père du mensonge. Que d'insensés nous avons vu profaner ainsi les meilleurs dons, et épouvanter le monde chrétien par le scandale de défections impies, dont notre charité demande à Dieu le redressement sans oser l'espérer ! Le juste, lui, cède humblement à la douce pression de la volonté suprème qui le pousse et dirige ses pas. Il laisse, à droite et à gauche, les chemins faciles où l'orgueil lui promet l'indépendance et la vaine gloire, et va directement vers le royaume de lumière et de vérité que le Seigneur lui montre au terme de son voyage terrestre. Il sent qu'il en parcourt déjà les avenues, et jouit avec un ineffable contentement de la présence voilée du Dieu qui lui a promis de se révéler bientôt, en un jour sans ombre et sans déclin.

Tel est, Messieurs, le spectacle que nous offre la vie paisible et laborieuse de très religieux, très savant, très modeste Messire

Louis Bourgeois, dans les trois mondes où s'est exercée l'activité de sa belle intelligence et de son grand cœur : le monde des idées, le monde des faits, le monde des âmes.

L'âme humaine reçoit souvent, du pays où s'éveillent ses premières pensées et ses premiers sentiments, une empreinte ineffaçable qu'on retrouve en toutes ses tendances, en toutes ses habitudes intellectuelles et morales. Le désert la prédispose à la vie rentrée et indépendante ; les sites sauvages lui donnent une rudesse que corrigent difficilement les plus doux et les plus aimables commerces ; les fières montagnes appellent vers le ciel ses méditations et impriment la hardiesse à son caractère ; l'immensité de l'Océan l'invite aux rêveries profondes et aux téméraires aventures. Rien de semblable dans les fraîches vallées que le Loir sillonne de ses capricieux méandres et que bordent de riants coteaux. Tout ce qui est grand et fort détonnerait sur ce théâtre gracieux ; c'est le pays de l'idylle. Et, cependant, l'enfant qui naissait en ce pays, il y a soixante ans, n'était point fait pour ce genre de poésie. Il sut, plus tard, décrire en des conversations charmantes les simples beautés de son berceau; mais, s'il emprunta aux lieux de son origine la douceur, l'amabilité, la modestie de son caractère, sa haute intelligence semblait fille de régions plus vastes et plus grandioses.

Il est des esprits qui s'attardent en leurs premiers mouvements, et dont on ne peut prendre la mesure qu'à un certain âge. Louis Bourgeois se révéla, de bonne heure, par la force de son application et la rapidité de ses développements. L'œil intelligent d'un curé de campagne avait deviné, dans l'enfant du catéchisme, une âme d'élite dont il fallait s'emparer au nom de Dieu. Le presbytère devint son école et le premier théâtre de sa vie studieuse. Par pitié pour la faiblesse, et, un peu aussi, pour la légèreté et la paresse du jeune âge, on ne lui administre qu'à petites doses les connaissances élémentaires qui le préparent à l'étude sérieuse des lettres. Cinq longues années s'écoulent, avant qu'il soit prêt à entrer dans le sanctuaire des humanités. Louis Bourgeois voulait aller plus vite. Deux ans lui suffirent pour traverser le portique où la foule indolente des écoliers ne marche qu'à petits pas. Au bout de ces deux ans, il entrait avec honneur dans la classe de troisième, et s'élevait bientôt aux premiers rangs. La raison, le bon goût, la clarté furent les notes habituellles de ses essais littéraires. L'idée avait pour lui plus d'attraits que l'image. On le vit bien quand, sur les bancs du grand séminaire, il se passionna pour la philosophie. Dans ce monde élevé, où s'essoufflent les intelligences vulgaires, il respirait à l'aise. On comprit qu'il y devait rester : aussi, lorsque ses études théologiques furent terminées, à l'âge de vingt ans, il prit possession de la chaire, d'où il devait, pendant plus de dix ans, former à l'art de penser les jeunes recrues du clergé de Blois.

Quel honneur pour un si jeune homme, mais aussi quelle charge ! Il lui fallait être mûr à l'âge où l'on se forme encore. Les tâtonnements et les à peu près lui étaient permis, mais sa conscience délicate ne voulait point s'en contenter. Il travailla avec un acharnement si héroïque et un oubli si profond de lui-même que sa santé fut bientôt altérée par les longues veillées qu'il consacrait à la préparation de ses cours. Qu'importe ! Dans son corps fatigué l'âme triomphante devenait maîtresse des questions les plus ardues. L'abbé Bourgeois était un professeur consommé quand j'eus le bonheur d'être admis à recueillir ses leçons.

Permettez-moi, Messieurs, de vous dire, ici, ce que j'ai vu et entendu. Le *moi* n'est fatigant et odieux que lorsqu'il prétend confisquer l'attention à son profit. Tel n'est pas mon dessein ; vous devez bien le penser. Je suis venu à cette lugubre fête pour acquitter une double dette de reconnaissance. Celui qui m'a appelé fut le père de ma parole ; je le remercie tendrement de m'avoir fait un don qui me permet de rendre hommage au père de ma pensée.

La mémoire des enfants est plus fidèle que les appareils ingénieux où travaille la lumière inconsciente, plus habile à fixer les traits que le burin et le pinceau des artistes. Je vois encore, à trente-quatre ans de distance, mon maître de philosophie tel qu'il m'apparut pour la première fois, et je me rappelle l'impression profonde que produisirent, sur mon âme de dix-sept ans, sa pâleur maladive, son vaste et beau front sillonné par la méditation, ses yeux doux et pénétrants, souvent levés au ciel, comme pour y chercher des inspirations, sa bouche, à la fois fine et généreuse, d'où s'échappaient les flots d'une parole limpide qui épargnait à nos esprits inexpérimentés les fatigues de l'attention et les efforts de la compréhension.

La clarté s'unit toujours à la pénétration chez les grandes et fortes intelligences. Défiez-vous de ces philosophes tourmentés qui ne savent s'exprimer qu'en un langage difficile, dans lequel on cherche l'idée, pendant des heures entières, sans pouvoir la dégager nettement. On les croit subtils et profonds penseurs, ils n'ont souvent que de l'imagination; et ils ne s'en servent que pour obscurcir les choses les plus simples et les plus évidentes. Je plains ceux qui se laissent duper par ces faux génies, dont les ténébreuses nouveautés ne résistent pas au contrôle du sens commun. L'abbé Bourgeois voyait loin dans le monde des idées, et sa merveilleuse lucidité égalait sa pénétration. Ces deux facultés venaient se fondre dans un magistal bon sens, qui, dominé lui-même par l'esprit de foi, faisait de son enseignement philosophique une nourriture de choix : forte, pure, saine, destinée à préparer nos âmes de lévites aux splendeurs de la théologie.

C'était vers ce royaume de Dieu qu'il conduisait, par des critiques bienveillantes, des
encouragements discrets et des provocations
puissantes, ses disciples émerveillés. Soit qu'il
nous fît étudier l'origine et la valeur des idées,
la construction des jugements, le mécanisme
et la puissance des raisonnements ; soit qu'il
nous entraînât sur les sommets ardus de la
métaphysique, soit qu'il analysât sous nos
yeux l'âme humaine et ses facultés, le corps,
ses organes et ses merveilleuses fonctions, les
rapports mutuels de l'esprit et de la matière
dans le composé humain, soit qu'il nous
montrât le monde divin par le côté où il est
accessible à notre infirme raison, son dessein,
fermement arrêté et franchement avoué, était
de creuser en nos âmes les fondements et de
poser les assises de l'enseignement supérieur
qui devait nous faire pénétrer dans les arcanes
et nous élever jusqu'aux plus hautes cimes de
la révélation. Il aimait à nous répéter cette
parole du chancelier Bacon, qu'il avait inscrite en tête de ses cours : « Si vous ne buvez
qu'en passant à la coupe de la philosophie, vous
pourrez, peut-être, vous éloigner de la religion,
mais vous vous en rapprocherez chaque jour
davantage si vous buvez à longs traits. » Avec

quel tact exquis il savait distinguer le certain
du probable, le dogme de l'opinion; avec
quelle admirable simplicité il faisait la part des
mystères qui s'imposent à la raison, même
dans le champ limité des vérités que Dieu a
livrées à nos investigations! Avec quelle noble
fierté il usait des forces de l'esprit humain;
avec quelle franche humilité il confessait ses
impuissances! Comme son âme judicieuse se
mouvait à l'aise au milieu des systèmes, cueil-
lant pieusement la vérité, écartant l'erreur
sans haine ni colère, également ennemie des
engouements puérils et des aversions que
commande le parti-pris, toujours pleine de
bienveillance pour les opinions libres qu'elle
ne partageait pas. L'abbé Bourgeois avait cru
devoir modifier, d'après des observations ré-
centes, qu'il croyait justes, la classification
psychologique des anciens. Nous eûmes plus
d'une fois, à ce sujet, d'aimables et courtoises
discussions, mais jamais je n'entendis sortir de
sa bouche aucune des paroles méprisantes que
s'est trop souvent permises l'orgueil insolent de
nos philosophes modernes contre les grands
esprits qui ont illustré le moyen âge. Il s'incli-
nait avec un profond respect devant ces penseurs géants; c'est ainsi qu'il les appelait. Les

évolutions bizarres et parfois extravagantes de la raison, dans le champ de la philosophie, contristaient son cœur, sans décourager son intelligence. Je me rappellerai toujours les belles paroles qu'il prononçait, en forme de conclusion, sur les ruines des systèmes que son impitoyable bon sens avait démolis : « Les erreurs de l'esprit humain ne prouvent pas son impuissance, mais nous enseignent la défiance de nous-mêmes. Approchons-nous de la source de toute vérité, et tenons pour certain qu'il y a plus de vraie philosophie dans le catéchisme des enfants que dans les plus beaux livres de la raison. »

Tout l'abbé Bourgeois est là, Messieurs : c'est-à-dire le penseur modeste, l'homme de foi, le juste que le Seigneur conduit par les voies droites, à travers le monde des idées, et qu'il tient toujours en présence du royaume de Dieu : *Justum deduxit Dominus per vias rectas et ostendit illi regnum Dei.*

Tel que je l'ai connu, la plupart d'entre vous l'ont connu, Messieurs. Les anciens élèves de Pontlevoy qui ont suivi ses leçons, alors qu'il n'était que professeur, savent que j'ai peint fidèlement le philosophe qui les a intruits et charmés. Sous la même conduite de Dieu, il montra la même élévation et la même droiture, dans un monde où sa réputation fut plus éclatante : le monde des faits.

Remplacé au grand séminaire de Blois par une mesure qui renouvelait tout le personnel de la direction et de l'enseignement, l'abbé Bourgeois vint professer l'histoire au petit séminaire de Saint François de Sales . Son passage y fut rapide, mais il eut le temps de faire pressentir quel grand maître il serait devenu dans cette branche des connaissances humaines, s'il y eût appliqué ses hautes facultés. A ses yeux, l'histoire n'était pas une simple accumulation de faits qu'il faut coordonner avec méthode et dans lesquels il suffit de découvrir et de montrer l'influence des idées et le jeu des passions humaines. S'il ne méprisait pas ces mesquines intelligences qui se laissent absorber par l'observation méticuleuse des événements, sans songer à les unifier en une cause maîtresse à laquelle obéissent toutes les forces créées, il en avait pitié.

L'histoire, pour lui, était un drame immense éternellement conçu et perpétuellement joué par des acteurs qui se succèdent aux scènes, aux actes, aux dénouements partiels, sans savoir quelle sera la conclusion d'ensemble ; l'histoire était le royaume de Dieu. Il y admirait la conduite de la Providence, qui fait éclore les peuples, les élève et les abat lorsque son heure est venue ; il y suivait la marche du grand dessin de justice et de miséricorde qui, depuis l'origine des siècles, commande toute la vie du genre humain ; il y cherchait la trace de la sagesse divine dans les évolutions régulières et dans ces foudroyantes surprises qu'on appelle les coups du destin ; il y adorait le tout-puissant Maître qui domine les pouvoirs, et fait servir à l'accomplissement de ses volontés les résistances opiniâtres de la liberté aussi bien que ses humbles soumissions. Les faits expliqués se rangeaient, avec ordre, dans le religieux cadre où son puissant esprit les faisait entrer sans violence. En une année, il put peindre à grands traits un magnifique tableau qui révéla, à ses auditeurs ravis, un maître de l'école à laquelle on doit la *Cité de Dieu* et le *Discours sur l'histoire universelle*.

Dieu l'arrêta sur cet essai magistral ; il voulait que l'abbé Bourgeois fût éminent dans la connaissance, l'observation et l'interprétation d'un autre ordre de faits.

La nature est aussi le royaume de Dieu ; il y a manifesté sa force créatrice et multiplié l'empreinte de ses adorables perfections. Que de provinces mobiles et voyageuses dans ce vaste empire ! Il en est des milliards dont nous ignorons les trésors. C'est à peine si nous pouvons soupçonner la structure et calculer les mouvements de quelques-unes d'entre elles. Mais celle que nous habitons, la terre, est assez riche pour exercer l'activité de notre esprit et défier les persévérants efforts de la science. Les éléments dont elle se compose, les forces qui l'animent, les mystères de la vie qui s'épanouit à sa surface, les végétaux dont elle se pare comme d'un manteau aux couleurs changeantes, les animaux aux innombrables légions qu'elle nourrit de sa substance plusieurs fois transformée, depuis les plus parfaits jusqu'à ces insectes qui comptent plus de soixante mille espèces dans un seul ordre, jusqu'à ces microzoaires qui se groupent par milliers sur la pointe d'une épingle, autant d'objets de sciences diverses qui peuvent épuiser plusieurs vies d'homme sans avoir atteint leur plénitude.

Et ce n'est pas tout. Sous la surface il y a les nécropoles, où sont enfouies les flores et les faunes dont les espèces perdues racontent l'histoire des époques de formation, les crises violentes qui, à plusieurs reprises, ont bouleversé la nature et moissonné la vie, et proposent à notre pénétration la solution d'une énigme qu'on n'a pas encore devinée : l'âge du monde. Au-dessus de ces flores et de ces faunes, et, quelquefois, mêlés avec elles, des instruments rudimentaires, ouvrages de générations inexpérimentées dont l'histoire n'a point éclairé la vie.

Sur la surface féconde et dans les entrailles tourmentées de notre planète, quel champ immense ouvert à nos investigations ! L'esprit moderne s'y est précipité avec une fiévreuse ardeur, mais, souvent trop préoccupé de ses observations, il s'est, de parti pris, rivé à des classifications stériles, quand il n'a pas demandé à la nature des protestations contre les traditions religieuses de l'humanité. Des savants dont la loyauté nous oblige à reconnaître le talent, le courage et les services, ont déshonoré leurs labeurs par un dogmatisme grossier qui, dépassant d'un bond gigantesque les résultats de l'expérience, attribue au monde même l'éternité et la toute puissance ; de telle sorte que ce n'est plus cette religieuse inscription qu'il faut lire sur le temple de la nature : Au Dieu très bon et très grand ! mais bien : A la matière ! ou du moins, A l'inconnu !

Sans aller à cet excès, d'autres chercheurs, respectant le Dieu de la nature, ont pris à partie le Dieu de la révélation. Toutes les pages des Livres Saints, qui nous racontent son action et nous proposent son enseignement, sont solidaires ; ils le savent bien. Aussi invoquent-ils, avec une opiniâtre insolence, l'autorité de leurs observations contre le chapitre de nos origines. A les en croire, ils ont en mains les preuves de la parfaite ignorance des auteurs qui ont inventé le dogme de l'intervention positive et surnaturelle de Dieu dans le monde. La Genèse, à commencer par son poétique prologue, est un tissu de légendes puériles et anti-scientifiques qui s'écroulent dès qu'on les met en présence des découvertes modernes. Avec la Genèse tout le canon des Livres sacrés s'affaisse et tombe au rang des vulgaires monuments de l'esprit humain, que l'infatigable critique peut entamer à loisir.

C'en serait fait, Messieurs, de la cause de Dieu et du souvenir des grands biens que lui doit l'humanité, si le monde savant n'était représenté que par ces démolisseurs ; mais, à côté de ceux qui s'égarent, par surprise ou par mauvaise volonté, la Providence suscite, en temps opportun, des hommes intelligents et laborieux, dont la probité scientifique est rehaussée par une singulière élévation d'idées, une touchante modestie et un vif esprit de foi qui leur montre la voie droite que doit suivre l'expérience dans le monde des faits, et leur révèle toute l'ampleur et toute la magnificence du royaume de Dieu.

L'abbé Bourgeois fut un de ces hommes. Au début de sa carrière ecclésiastique, il se sentit entraîné vers l'étude de la nature ; et, parce qu'il fallait choisir entre mille objets, il s'appliqua à la science des profondeurs et des êtres disparus, qui lui semblait devoir éclairer l'interprétation, jusque-là insuffisante, des premières pages de nos Livres Saints. Complètement négligée à cette époque par ceux qui se préparaient au sacerdoce, la géologie et la paléontologie pouvaient devenir, au service de la libre pensée, une mine d'objections contre lesquelles il fallait préparer des réponses. Le pénétrant esprit du jeune abbé vit clairement le péril et comprit le devoir qui s'imposait au clergé.

Sans maître, sans guide, il commença résolûment son éducation scientifique; mais Dieu, voulant lui épargner les retards de l'isolement, lui fit faire la rencontre d'un homme de bien, auquel il dut ses rapides progrès et sa renommée. Cet homme, vous l'avez deviné, Messieurs, et vous voulez lui rendre avec moi l'hommage de votre respectueuse admiration et de votre pieuse reconnaissance. Du reste, si nous nous taisions, les pierres de cette école publieraient son nom et proclameraient ses bienfaits. Intrépide chevalier d'une cause auguste, gentilhomme accompli, aimable grand seigneur, fervent chrétien, savant laborieux dans les magnifiques loisirs que lui faisait la richesse, le marquis de Vibraye fut l'initiateur de l'abbé Bourgeois. Il mit à sa disposition ses trésors géologiques et le produisit dans le monde savant.

Bientôt le disciple eut dépassé le maître. La prodigieuse mémoire de l'abbé Bourgeois, sa puissance d'observation, son esprit méthodique firent de lui un classificateur émérite, en même temps qu'un admirable instinct le met-

tait sur la piste des plus intéressantes découvertes. Les communications scientifiques et les
échanges le rapprochèrent des plus illustres
géologues de France; l'Institut s'intéressa à ses
travaux ; de tous les pays où fleurit la science,
de l'Angleterre, de l'Allemagne, du Danemarck,
de la Belgique, de la Suisse, de l'Italie, de
l'Amérique même, des hommes éminents lui
envoyèrent des témoignages de leur reconnaissance et de leur haute considération ; enfin,
il devint la lumière du Congrès. Rien d'éton-
nant, après cela, si, lorsqu'il s'agit d'appeler au
conseil supérieur de l'instruction publique le
chef d'une des écoles libres, l'abbé Bourgeois
fut choisi. La renommée avait marqué sa
place.

A quel prix a-t-il acquis cette renommée,
au milieu des gens dont un grand nombre faisait profession d'indifférence religieuse, et
même d'incrédulité? Par des déguisements,
des concessions, des compromis indignes de
son caractère? Non, Messieurs. Plutôt que de
s'engager dans ces voies tortueuses, il se fût
retiré du monde savant. Sa foi et sa science
marchaient de front et à découvert sur le
même chemin de droiture et de simplicité. En
lui la foi était servie par la science, la science

était dirigée par la foi. Les savants ne s'y trom-
paient pas, et parmi ceux à qui il imposa le
respect, par la sûreté et l'étendue de ses connaissances, plus d'un reçut, du choc de ses
convictions religieuses, une lumière bienfai-
sante, qui ramena vers Dieu son âme depuis
longtemps égarée.

Un jour, que je me sentais écrasé par une
montagne de difficultés qu'il me fallait résoudre,
je sondai la foi de l'abbé Bourgeois, pour
m'instruire et me réconforter. Je n'oublierai
jamais la réponse qu'elle me donna. C'était, je
m'en souviens, aux premières heures d'une
chaude matinée ; nous étions assis près d'un
massif en fleurs. Un caillou qu'il releva de
terre et qu'il examina avec attention, me servit
de prétexte pour lui demander s'il s'était ému
quelquefois des découvertes de la science. —
« Souvent, me dit-il, pour admirer Dieu, jamais pour sentir ma foi ébranlée. Dieu ne peut
pas se contredire dans ses œuvres. Or, la nature et la révélation sont les œuvres de Dieu ;
je les crois fermement. Il n'y a que les esprits
prévenus, travaillant avec le dessein arrêté de
prendre Dieu en défaut, qui s'imaginent trou-
ver des objections insolubles contre nos
croyances religieuses. Les vrais sages n'ou-

blient pas que la plupart des données de la géologie ou de la paléontologie ne sont que des hypothèses qu'il faut bien se garder de transformer en certitudes, parce qu'elles peuvent être réformées dans quelques années. Qui sait si la haute antiquité de nos terrains, dont on fait tant de bruit, ne sera pas un jour mise à néant par quelque grande découverte qui démontrera la rapidité de leur formation !

« Nous procédons par analogie pour déterminer l'âge des couches terrestres, mais déjà l'analogie nous prouve que la nature agit avec plus d'élan et de vigueur dans les êtres qui se forment que dans les êtres établis qui se conservent. Il est possible que l'archéologie nous oblige d'ajouter quelques milliers d'années au comput vulgaire des siècles, mais il est possible, aussi, que nous soyons forcés bientôt de rajeunir les terrains dont nous ne mesurons l'âge qu'avec des chronomètres incertains. En attendant, parmi les vérités qu'on peut considérer comme définitivement acquises à la science, il n'en est aucune qui ne puisse s'accorder avec les grandes lignes de notre genèse. Croyons donc, mon ami, et tenons pour certain qu'aucune des conquêtes de la science ne nous forcera de sacrifier un seul atome de notre foi. »

Il ne craignait rien de la science, et il s'indignait justement contre cette foi craintive qui refuse à l'expérience le droit d'éclairer l'interprétation des Livres Saints et de réformer, dans les questions de sa compétence, des opinions vieillies que l'Eglise n'a consacrées par aucune définition ; contre cette foi déloyale qui prétend dissimuler les faits notoires, parce qu'ils présentent des difficultés dont il faut chercher et attendre la solution. Ce qu'il voyait, il le proclamait hautement, et, plus d'une fois, il étonna par la franchise de ses aveux ceux qu'il avait édifiés par la sincérité de ses croyances.

Et voilà l'homme droit dont on a calomnié la loyauté, le croyant dont on a suspecté la foi ! Je ne m'étendrai pas ici, Messieurs, sur la question d'archéologie préhistorique qui valut à l'abbé Bourgeois tant de critiques passionnées. Je me contenterai de vous faire remarquer qu'elle lui fournit l'occasion de montrer, avec éclat, sa modestie, sa charmante simplicité et son grand cœur si facile au pardon.

Il lui fallut payer sa gloire. Il la paya jusque dans la mort, car la louange des sots vint s'abattre sur sa fosse à peine fermée. Un toast burlesque a salué en lui *l'ennemi des préjugés de caste et de l'exclusivisme catholique, le partisan de la religion universelle, le penseur indépendant.* Un long éclat de rire a étouffé ces paroles ridicules ; il ne reste plus que celles qu'il faut écrire, avec nos pleurs, sur la tombe du religieux savant: *Justum deduxit Dominus per vias rectas et ostendit illi regnum Dei.*

J'arrive à regret, Messieurs, au terme de ma douce tâche, et j'entre dans un monde mystérieux où le travail, plus délicat, reçoit de la grâce de Dieu une plus profonde efficacité et une plus haute portée. Je veux parler du monde des âmes. L'abbé Bourgeois y rencontra, je le tiens de lui-même, ses plus grandes tristesses et aussi ses plus grandes joies, ses plus grandes surprises et aussi ses plus grands ravissements.

Son âme à lui était humble, douce et patiente, aimable, bienveillante, ornée d'une piété simple et ordonnée comme son travail et ses collections. Il la nourrissait de la lecture assidue de l'Evangile, de l'Imitation et des belles maximes d'un petit livre qui ne l'a jamais quitté depuis son petit séminaire : la *Journée du chrétien*. C'était assez pour reposer son esprit fatigué des méditations scientifiques et pour réchauffer, en son cœur, la charité féconde en bons conseils, encouragements, consolations, avertissements et paternelles remontrances.

Collègue et ami des savants dont il partageait les travaux, il tenait à leur imposer le respect de son caractère sacré par une politesse exquise et une conduite pleine de dignité; mais, en même temps, sa compatissante bonté s'efforçait de pénétrer jusqu'au fond de leur âme, pour y découvrir ce qui restait des lumières de la foi si souvent obscurcies par l'orgueil de la vaine science. Quelle fête pour son cœur lorsqu'il rencontrait une intelligence vierge, où l'on pouvait lire, au sommet des connaissances humaines, tous les articles du *Credo!* quel bonheur pour lui de presser la main d'un savant chétien dont l'âme croyante était sœur de la sienne ! mais aussi quelle profonde tristesse il éprouvait en présence de ces esprits ravagés par l'erreur, en qui la science devient une arme contre les choses saintes! Il était triste et pourtant il ne se retirait pas. Son cœur miséricordieux se rappelait qu'il ne faut pas briser tout à fait le roseau froissé, ni éteindre la mèche qui fume encore. Sa charitable condescendance admirait les grands dons de l'intelligence en ceux dont il pleurait l'incrédulité obstinée. Il s'efforçait de faire entendre à tout le monde et de leur persuader à eux-mêmes qu'ils étaient plus malades que criminels. Il attribuait leur maladie aux vices de leur éducation et au malheur des temps plutôt qu'à leur mauvaise volonté. Il gardait avec eux des relations pleines d'une douce urbanité; il demeurait leur ami [quand même, espérant toujours que la mansuétude pourrait triompher de l'entêtement et que ses discrètes prières seraient entendues. Les pharisiens rogues qui tiennent le pécheur à l'écart de leur orgueilleuse justice ont pu se scandaliser de ce qu'ils appelaient les faiblesses de l'abbé Bourgeois; mais qu'importe, si Dieu les a bénies !

La religieuse bonté qui rendait si aimables et si fécondes ses relations avec les savants, fut l'âme de son gouvernement, lorsqu'il fut appelé à diriger l'école de Pontlevoy. C'était un grand sacrifice qu'il s'imposait, lui si ami du travail opiniâtre et solitaire, en acceptant une vie qui l'obligeait à se répandre, au détriment de ses chères études, et juste au moment où la maturité de l'âge l'invitait à mettre en œuvre les admirables matériaux qu'il avait si longue-ment et si péniblement amassés. Mais on lui demandait un acte de dévouement; il y mit tout son grand cœur et renonça généreusement aux ouvrages qu'il nous eût sans doute laissés, s'il lui eût été permis de n'avoir pas d'autres préoccupations que celles du penseur et du savant. Il travailla toujours, c'était dans sa nature, mais non plus avec la même applica-tion et la même suite ; car il comprenait le devoir que lui imposait sa charge : s'oublier lui-même pour se donner aux autres. Cet oubli de soi, on pouvait le lire dans ses yeux et sur son visage, dont la paix ne fut jamais troublée par aucun signe de cette chagrine impatience que manifestent les travailleurs, lorsqu'on vient les surprendre pendant leurs heures de recueillement. Quand on entrait dans le sanc-tuaire de ses études, il fermait doucement le livre qu'il lisait, écartait d'un geste tranquille la page qu'il écrivait, comme pour dire : je suis à vous.

Il était en effet à ses enfants, à ses profes-seurs, aux parents, aux étrangers, à tous ceux qui, de près ou de loin, relevaient de son administration.

Ses enfants, il les aimait avec la tendresse d'un père plutôt porté à l'indulgence qu'à la sévérité. Il n'était point de ceux qui, uniquement attentifs à la loi et au devoir, oublient la faiblesse du jeune âge et attendent de natures légères et inexpérimentées ce qu'on peut à peine obtenir de gens raisonnables. Peut-être faut-il qu'il y ait des hommes de cette trempe dans le gouvernement d'une grande maison d'éducation; mais le doux père ne croyait pas que ce fût son rôle, et lorsqu'il lui semblait qu'on noircissait trop le caractère et la conduite de ses chers enfants, il disait avec une tranquille et fine bonhomie : « Hélas! ces pauvres petits sont sans doute bien imparfaits, mais rappelons-nous donc ce que nous avons été. » Quelle bonne parole, Messieurs! Le souvenir de nos jeunes années, comparé à ce que nous sommes aujourd'hui, est plein d'enseignements et de sages conseils. C'est dans ce livre intime que l'abbé Bourgeois allait prendre des leçons pour l'éducation de l'enfance.

Cependant, sa paternelle indulgence n'était point fille de l'insouciance et de la faiblesse. Le soin scrupuleux avec lequel il examinait les notes de chaque jour lui permettait de suivre, pas à pas, la marche du travail, les évolutions des caractères et les progrès de la piété. Il savait appliquer, à propos, les justes corrections, les tendres reproches et les chaleureux encouragements ; châtier les indociles, stimuler les paresseux et enlever les natures généreuses.

Il aimait mieux faire appel à la franchise que compter sur la délation ; habituer les jeunes gens à sentir et à comprendre leur responsabilité, plutôt qu'à s'abandonner mollement à une direction qui les met dans l'impuissance de se conduire eux-mêmes, quand l'heure est venue pour eux de marcher seuls dans la vie.

Il demandait à tous une piété virile, capable de résister plus tard aux séductions de la vie mondaine et aux assauts de l'incrédulité. Bref, il formait en chacun de ses enfants le citoyen et le chrétien, et voulait qu'ils emportassent, gravée en lettres ineffaçables, dans leurs caractères et leurs habitudes, cette belle devise de son école : *Religioni et Patriæ.*

Une autre province du monde des âmes fut confiée à ses soins ; c'est son cher couvent de la Nativité. Là son ministère sacerdotal dut prendre l'essor vers les régions privilégiées de la perfection. L'âme des vierges que le Christ a épousées est un jardin mystérieux où la grâce prodigue ses trésors, un drame émouvant dont les scènes variées ne se laissent voir qu'à l'œil discret d'un père chargé par Dieu d'en diriger les mouvements. Tantôt c'est la nature luttant avec une énergie désespérée contre le désir qui l'emporte violemment vers le but sublime de la vie religieuse, la perfection, tantôt c'est une vertu triomphante qui s'établit après de longs efforts; tantôt l'épreuve, avec ses abandons, ses amertumes, ses croix; tantôt la consolation, la suavité, le repos en Dieu; tantôt les doux cantiques de la sainte oraison; tantôt l'épanouissement de la charité active en quelque œuvre de dévouement.

Le pieux directeur s'intéressait à tous ces mystères plus qu'aux merveilles de la nature. Dieu lui semblait plus puissant et plus grand dans les opérations de la grâce que dans l'œuvre, pourtant si admirable, de la création. Il se laissait ravir par les beautés cachées que son ministère lui permettait de contempler ; il les cherchait partout jusque dans l'âme des tout petits enfants. S'il en rencontrait une que le péché n'eût pas souillée, une de ces fleurs naïves qui s'entr'ouvrent au soleil de la grâce, tout humides de la rosée du ciel, tout embaumées des parfums de l'innocence, il s'y plongeait, il y respirait avec ivresse, il y jouissait, disait-il, de son plus grand bonheur. Il y a quelques années, après une maladie qui mit ses jours en péril, on obtint de lui qu'il suspendrait ses travaux et se reposerait sur d'autres des soins de l'administration ; mais, d'une voix suppliante, il disait à l'ami qui l'assistait : « Vous me laisserez mes chères petites âmes, n'est-ce pas ? Si je ne les avais plus, tout me manquerait ; il me faudrait mourir. »

Hélas ! Dieu devait bientôt tout lui prendre : son travail, son gouvernement, ses chères petites âmes. L'heure était venue d'arrêter le glorieux et fécond pèlerinage de ce juste et de lui montrer, non plus les avenues, mais les éternelles splendeurs du royaume de Dieu. Ne pleurons pas sur lui. Messieurs, pleurons sur ceux dont sa mort prématurée a brisé le cœur.

Père, maître, ami, vous êtes arrivé au terme des voies droites, et le monde divin, je l'espère, s'ouvre à vos yeux ravis. Que la sagesse humaine vous paraît petite maintenant, en présence de la sagesse infinie qui se révèle sans ombre à votre belle intelligence ! que l'histoire est lumineuse à votre âme qui la contemple aujourd'hui dans les décrets divins. L'univers n'a plus de secrets pour vous; vous le connaissez mieux en celui qui l'a fait que dans les merveilles où vous cherchiez la main du Tout-Puissant. Vous voyez près de Dieu la place des âmes que vous avez aimées, et vous jouissez, dans la perfection consommée, d'un bonheur qui ne vous sera plus enlevé. Aimez-nous toujours et demandez à Dieu qu'il nous appelle au partage de votre gloire, car nous voulons suivre les traces de votre passage sur cette terre, où nous rencontrons, à chaque pas, le souvenir de vos travaux et de vos vertus. Nous voulons être, comme vous, les justes du Seigneur, toujours conduits sur les voies droites, dans les avenues du royaume de Dieu, en attendant l'entrée bienheureuse du séjour où nous vous serons unis par un éternel embrassement.

12,917. Paris. Imp. Jules Le Clere, rue Cassette, 17.

PARIS. — IMPRIMERIE JULES LE CLERE, RUE CASSETTE, 17.

www.ingramcontent.com/pod-product-compliance
Ingram Content Group UK Ltd.
Pitfield, Milton Keynes, MK11 3LW, UK
UKHW021318190726
13839UKWH00007B/1957